Swingtrading mit dem 4-Stunden-Chart

Teil 3: Wo setze ich meinen Stop?

Heikin Ashi Trader

Inhaltsverzeichnis

1. Sind Stops notwendig?

Wo setze ich meinen Stop? Das ist die Frage, die mir von vielen Tradern immer wieder gestellt wird. Das klingt oft ein wenig wie ein lästiges Beiwerk, um das man sich auch noch kümmern muss, nachdem man die wichtige Arbeit der Marktanalyse gemacht und die Position bereits gekauft hat. Dabei berührt die Frage das wichtigste Thema, das sich ein Börsianer stellen kann und muss: Wie viel Risiko bin ich bereit einzugehen, um mir die nächste Chance zu erkaufen?

Leider verbirgt sich hinter dieser Frage meist der kindliche Wunsch, ich möge dem angehenden Trader eine Art von Versteck verraten, in der er dieses lästige Ding „Stop" hineintun kann, damit ihn der Markt nie findet. Kurioserweise hat „der Markt" eine gute Nase für solche Verstecke, insbesondere dann, wenn der Stop gerade unter oder über markanten charttechnischen Marken wie Unterstützung und Widerstand liegt. Wie dies geschieht, war der Gegenstand des zweiten Buches in dieser Reihe über Swingtrading.

Stops sind ein kontrovers diskutiertes Thema in Trader-Kreisen. Kein Wunder, denn Stops gehören zur Exit-Strategie eines Handelssystems. Oder anders gesagt: ein Stop ist das zentrale Instrument des Risikomanagements und hat also direkt mit dem Geldverdienen an der Börse zu tun. Es ist von daher unerlässlich, dass Sie verstehen, welche Funktion ein Stop in Ihr Handelssystem oder in Ihrer Strategie erfüllt.

Es muss Ihnen zum Beispiel von Anfang an klar sein, dass der Einsatz von Stops immer zu einer niedrigen Trefferquote führen wird. Traden Sie ohne Stops, werden Sie vermutlich eine sehr hohe Trefferquote erreichen. Sie müssen dann aber unter Umständen bei manchen Positionen sehr lange warten, bis sie in den Gewinn gehen. Manche Positionen werden es nie mehr und Sie wären dann gezwungen, diese Trades mit sehr hohen Verlusten zu schließen.

Arbeiten Sie dagegen immer mit einem Stop, wird Ihnen ein solches Szenario erspart. Im

Gegenzug müssen Sie dann eben öfter Verlusttrades akzeptieren. Diese Verlusttrades sind dann gleichsam der Preis, den Sie bereit sind zu zahlen, um das Risiko kontrollieren zu können. Das können Sie aber nicht, wenn Sie ohne Stops traden. In dem Fall ist Ihr Risiko unbegrenzt.

Traden Sie mit Stops – und ich empfehle Ihnen dringend es zu tun – wird sich die Trefferquote Ihres Systems automatisch verschlechtern. Sie gewinnen dann nicht mehr in 100 % der Fälle, sondern in lediglich 70 % oder 60 % oder noch niedriger. Es gibt sogar sehr erfolgreiche Strategien, die mit sehr niedrigen Trefferquoten auskommen.

Dies ist zum Beispiel meist bei den Trendfolgern der Fall. Hier muss der Trader oft mehrere Versuche unternehmen, um eine Position in einem Trend aufzubauen. Dies führt naturgemäß zu vielen kleinen Verlusten und zu einigen wenigen großen Gewinnern. Das Endergebnis ist plus, aber der Trader muss manchmal eine Trefferquote akzeptieren, die unter 30 % liegt.

Eine hohe Trefferquote streichelt natürlich das Ego, weswegen sie von vielen Anfängern sehnlichst erwünscht wird. Um dieses Ziel zu erreichen, gehen viele von ihnen dann auch das Risiko ein, ganz ohne Stops zu traden. Wenn dann die ersten wirklich großen Verluste auftauchen, reift irgendwann doch die Einsicht, Stops zu benutzen.

Dies bedeutet noch gar nicht, dass dieser Trader Stops wirklich akzeptiert hat. Er nimmt sie mit einer gewissen schlechten Laune hin. Man merkt das meist daran, dass er alles daran tut, damit der Stop nicht erreicht wird. Oft sind es genau die Trader, die das bisschen Gewinn realisieren, sobald etwas davon zu sehen ist. Lieber ein kleiner Gewinn in der Tasche als gar nichts, sagen sie sich.

All diese schlechten Angewohnheiten sind eine Folge der Nicht-Akzeptanz von Stops. Der Trader benutzt sie zwar, weil er meist dazu gezwungen wurde, aber in seinem inneren hasst er sie, weil sie zwangsläufig immer wieder zu Verlusttrades führen.

Erst nach und nach reift dann die Einsicht, dass Trading herzlich wenig mit „am Markt immer recht haben wollen" zu tun hat. Trading ist ein Geschäft wie jedes andere auch. Das heißt, es gibt Einnahmen und Ausgaben und hoffentlich fallen die Einnahmen am Ende des Geschäftsjahres höher aus als die Ausgaben. Das heißt, die Kunst des Unternehmens besteht darin, die Kosten so klein wie möglich zu halten und die Einnahmen zu optimieren oder durch Geschäftserweiterung möglichst zu steigern.

Nicht anders verhält es sich beim Trading. Da Trading genauso ein Geschäft ist, gibt es Einnahmen (Gewinntrades) und Ausgaben (Verlusttrades, Kommissionen, Hardware, Raummiete und Stundenlohn des Traders). Da die Verlusttrades den größten Teil der Ausgaben repräsentieren, sprechen amerikanische Trader auch zu Recht von „Cost of Doing Business". Mit anderen Worten Verlust-Trades gehören zu unseren wichtigsten Kosten. Sie sind aber notwendig, damit wir überhaupt am Marktgeschehen teilnehmen können.

Wer Verlusttrades als schlichte „Kosten" versteht, damit Sie am Wirtschaftsspiel oder am Börsenspiel teilnehmen können, reift vielleicht irgendwann zu der Einsicht, dass Verlust-Trades gar nicht mal so böse Dinge sind, die man am liebsten aus seinem Traderleben verbannen möchte.

Ganz im Gegenteil: Sie sind die Bedingung, damit wir teilnehmen können, und sind damit ein integraler Bestandteil unseres Handelssystems. Unser Handelssystem wäre demnach ohne Verlust-Trades gar nicht denkbar. Es wäre also eine völlig unsinnige Maßnahme sie aus ihm verbannen zu wollen.

Hat der Trader diesen Gedanken einmal verinnerlicht, dann ist der nächste Schritt nicht mehr weit, Trading als eine Art Probabilitätsspiel zu verstehen, was es im Grunde auch ist. Ähnlich wie der Unternehmer im Einzelhandel, der natürlich auf Qualität bedacht ist, aber dennoch durch eine gewisse Preispolitik versucht, seine Kosten (die Ware, die er einkauft) so niedrig wie möglich zu halten.

Ähnlich sollte der Trader alles daran tun, seine Verluste so klein wie möglich zu halten. Darüber wird es in einem ersten Teil dieses Buches gehen. Und selbstverständlich wird der zweite Teil darüber handeln, wie Stops uns helfen können, unsere Gewinne zu maximieren, denn das können sie tatsächlich.

Ein echter Trader betrachtet die Stop-Order demnach nicht als ein notwendiges Übel, sondern als sein Freund, der ihm bei dem Management seiner Position zur Seite steht. Dass dies auch die Haltung eines professionellen oder institutionellen Traders ist, braucht dann wohl keine Erklärung mehr.

2. Was ist eine Stop-Loss-Order?

Eine **Stop-Loss-Order** (auch Order zur Verlustbegrenzung) ist eine Order, die die Position automatisch schließt, sobald ein bestimmter Kurs erreicht wird. Wenn ein Trader eine gekaufte Position (oder verkaufte Position bei Short-Positionen) von einer Stop-Loss-Order begleiten lässt, bringt er damit zum Ausdruck, dass er einen unbegrenzten Verlust, der mit der Position einhergehen kann, nicht tolerieren wird.

Diese Maßnahme gehört zu den guten Tradinggewohnheiten und ist schließlich jedem Trader zu empfehlen, der nur annähernd daran denkt, dieses Geschäft langfristig zu betreiben. Man könnte den Stop auch als eine Art Urinstinkt des Traders betrachten. Letztlich ist der Selbsterhaltungstrieb bei fast allen Menschen vorhanden. Dies gilt aber vor allem für verantwortungsbewusste Trader, die es als ihre primäre Aufgabe ansehen sollten, das Tradingkapital zu schützen und zu erhalten.

Die **Stop-Loss Order** besagt nichts anderes, als dass ein Kontrakt, eine Aktie oder ein Währungspaar zum nächsten handelbaren Kurs verkauft wird, sobald der Markt ein vorab festgesetztes Preisniveau erreicht. Bei dem einfachen Stop Loss wird in dem Fall eine unlimitierte Verkaufsorder generiert (im Fall einer Kaufposition).

Manche Broker bieten auch **Stop-Loss-Limit-Orders** an. In diesem Fall wird die Position nur zu dem angegebenen Limit-Kurs veräußert. Das kann in manchen Fällen ein Vorteil sein, weil in der Tat beim einfachen Stop Loss die Position oft zu einem schlechteren Kurs verkauft wird als der Preis, den die Stop Loss Order anzeigt.

Der Nachteil dieser Stop-Loss-Limit-Order überwiegt aber bei Weitem den Vorteil. Im ungünstigsten Fall überrennt der Markt bei einer schnellen Bewegung das festgesetzte Limit und es kommt gar nicht zur Ausführung. In diesem Fall ist die Position einem unlimitierten Risiko ausgesetzt, einem

Zustand, der jeder Trader tunlichst vermeiden soll.

Manche Broker bieten zudem **garantierte Stop-Loss-Orders** an. Der Broker garantiert die Glattstellung der Position exakt zum gewünschten Kurs. Er trägt damit das Glattstellungsrisiko und übernimmt die Kosten für den Fall, dass die Ausführung weit unter oder über den anvisierten Stop-Kurs lag. Dies kann in der Tat in seltenen Fällen für den Trader ein Vorteil sein, vor allem dann, wenn es zu extremen Bewegungen am Markt kommt.

Dieser „Service" ist natürlich nicht zum 0-Tarif zu haben. In der Regel zahlt der Kunde für diesen Dienst entweder eine kleine Gebühr, oder der Broker wird einen größeren Spread verlangen (größerer Abstand zwischen Kauf-und Verkaufspreis). Außerdem wird der Trader einen größeren Abstand zwischen Einstiegskurs und Stop akzeptieren müssen, um eine garantierte Stop-Loss-Order zu bekommen.

Wenn diese zusätzliche Sicherheit für Daytrader und Scalper meist nicht infrage kommt, ist sie für Swingtrader, die Trades oft über mehrere Tage und Wochen halten, durchaus eine sinnvolle Alternative, worüber sich nachzudenken lohnt.

Als Swingtrader kommt es meist nicht darauf an, ob Sie den EUR/USD bei 1,1210 oder bei 1,1212 kaufen. Natürlich ist 1,1212 ein schlechterer Preis, aber wenn ich dabei auf beiden Ohren schlafen kann, weil mir mein Broker die Differenz auszahlt, sollte es im EUR/USD über Nacht oder nach einem Wochenende zu einem extremen Geschehen kommen, dann bin ich gerne bereit, diesen schlechteren Preis zu zahlen.

3. Stop-Management

Ich möchte in diesem dritten Teil der Reihe „Swingtrading mit dem 4-Stunden-Chart" das zentrale Thema des Stop-Managements selbst behandeln, denn dieses entscheidet letztlich darüber, ob ein Trading-Business erfolgreich durchgeführt wird oder nicht. Es ist ja bekannt, dass Privatanleger 90 % der Zeit mit Marktanalyse beschäftigt sind, und nicht mal 10 % der Zeit mit der Frage nach dem potenziellen Risiko eines Trades.

Bei institutionellen Tradern ist diese Ratio genau umgekehrt. Profis sind von Natur aus primär Risikomanager. Sie müssen es sein, denn ihre Kunden und Geldgeber sind sofort zur Stelle, wenn sie das Gefühl haben, dass der Fonds, in dem sie investiert haben, noch nicht mal in der Lage ist, das Kapital zu erhalten, geschweige denn zu vermehren.

Nun ist das Tradingkapital eines Privatanlegers in der Regel viel überschaubarer als das eines institutionellen Investors, der oft komplexe Risikomodelle einsetzt, um das Kundengeld zu verwalten. Daraus den Schluss zu ziehen, dass ein Privattrader mit der simplen 1-%-Regel dem Risikomanagement genüge getan hat, scheint mir doch etwas zu kurz gedacht.

Die 1%-Regel besagt, dass ein Trader nie mehr als 1% seines Kapitals pro Trade riskieren sollte. Stehen dem Trader zum Beispiel 10.000 Euro Kapital zur Verfügung, sollte das Risiko pro Trade nie mehr als 100 Euro betragen. Dies leuchtet ein, führt aber trotzdem an dem eigentlichen Thema vorbei.

Die Fähigkeit den Abstand zwischen Kaufpreis und Stop korrekt zu berechnen ist zwar wichtig, sie ist nur der Anfang des Prozesses, welches ich Stop-Management nenne. Dieses wiederum ist ein wichtiger Bestandteil der Exit-Strategie, die letztendlich über Erfolg oder Misserfolg an der Börse entscheidet. Und auch hier unterliegt der Privatanleger bedauerlicherweise meist dem versierten Profi.

Profis verfügen in der Regel über ausgeklügelte und genau beschriebene **Exit-Strategien**. Privatanleger gehen hier meist emotional mit dem Thema um. Wenn die Position etwas in den Gewinn läuft, nehmen sie gern diesen Gewinn mit, obwohl dafür oft noch gar keinen objektiven Grund besteht.

Steht und bleibt die Position im Verlust und nähert sich gar der Stop-Loss-Order, bleiben Amateure meist passiv und verfallen in den bekannten „Hoffnungsmodus": der „Markt" könnte sich ja noch mal drehen. Dadurch geben sie dem Monster, das sie „Markt" nennen, eine unendliche Macht über sie, als wären sie ihm bedingungslos ausgesetzt.

Wer bei diesem Treiben (ich gehörte selber jahrelang dazu) etwas genauer hinschaut, stellt fest, dass die meisten privaten Trader dem „Markt" (und dessen Analyse) eine viel zu hohe Bedeutung beimessen. Für sie ist dieses ungreifbare Phänomen „Markt" wie ein unbezwingbares Tier, das man restlos ausgeliefert zu sein scheint. Schuldzuweisungen, Ärger und sogar Wut sind

Gefühle, die bei einer solchen Haltung sehr schnell auftauchen können. Ich weiß es nur zu gut, wenn ich meine Anfängerjahre anschaue.

Die kümmerliche Behandlung um nicht zu sagen **die Nicht-Existenz einer Exit-Strategie** ist der Nachweis, dass man im Grunde genommen zur Börse geht mit der Absicht, sich abschlachten zu lassen. Das klingt drastisch, aber es entspricht der inneren Haltung vieler, was uns die Erfolgsstatistik dann auch leider bestätigt. Niemand kennt die Zahlen genau, aber wer behauptet, dass 90% der Trader verlieren, gehört zu den unverbesserlichen Optimisten.

Broker rücken im Übrigen nicht gern raus mit diesen Zahlen. Wenn man etwas hartnäckiger nachfragt, bekommt man meist vage Antworten. „Wir führen darüber keine Statistiken" gehört noch zu den harmloseren Varianten ihrer Ausreden. Es ist verständlich, dass sie sehr zurückhaltend sind, jede Form der Transparenz diesbezüglich schadet ihrem Geschäft.

Die wirkliche Zahl der Verlierer dürfte sich wohl eher der 100-%-Marke annähern, insbesondere bei den Forex-Brokern. Langfristig überlebt lediglich eine Prozentzahl der Trader, die wohl im Promillebereich zu finden sein wird. Warum ist dies so? Warum ist dieses Börsengeschäft so schwierig und scheint nur eine verschwindend kleine Gruppe von Menschen dauerhaft Erfolg zu haben?

Die meisten Trader scheitern an sich selbst. So lautet oft die Analyse. Die meisten Menschen sind psychologisch nicht vorbereitet oder zu wenig geschult, um sich dieser Herausforderung zu stellen. Die vielen Verluste, die immer wieder heraufkommenden Drawdown-Phasen (Verlustreihen) zermürben irgendwann die Psyche des Traders. Er fängt an, Fehler zu machen, er nimmt zu große Risiken um die Verluste schnell wieder wettzumachen und macht auf dieser Weise alles nur noch schlimmer. Eines Tages ist das Geld einfach weg.

Ich gehöre sicher zu denen, die das psychologische Argument begrüßen. Es stimmt: die meisten Trader scheitern an sich selbst. Es mangelt an Disziplin, Konsistenz und Durchsetzungsvermögen. Es mangelt eigentlich an allem. Aber es mangelt vor allem an der Einsicht, was Trading eigentlich ist: ein Probabilitätsspiel.

Dieser Aspekt wird in der einschlägigen Literatur etwas unterbelichtet dargestellt. In den letzten Jahren sind viele Börsencoaches aufgetaucht, die mit fundierten psychologischen Kenntnissen gute Arbeit leisten. Und wenn Sie als Trader das Gefühl haben, dass sie dort Defizite haben, kann ich Ihnen nur empfehlen, sich von einem Börsencoach trainieren zu lassen.

Darum sollte es in diesem Buch nicht gehen. Ich möchte hier eher ein Risikomodell vorstellen, mit dem Sie ihr Stop-Management effizient betreiben können. Dieses Modell trägt außerdem vorher erwähnte Annahme eines Probabilitätsspiels Rechnung.

4. Spielen Sie Ihr eigenes Spiel

Jede Trading-Strategie beruht auf gewisse Annahmen wie Finanzmärkte funktionieren, und wie man als Trader in ihnen agieren kann. Diese Annahmen können explizit formuliert sein, oder liegen der Strategie implizit zu Grunde. Wer zum Beispiel Trend Following betreibt, geht von der expliziten Annahme aus, dass sich die meisten Märkte in lang anhaltenden Trends bewegen. Wenn Sie dieser Meinung sind, dann ist es nur konsequent, dass Sie versuchen werden, jenen Trends möglichst lange zu folgen.

Hinter dieser marktspezifischen Annahme liegt aber noch eine (meist unbewusste) Schicht, von der ich der Meinung bin, dass es sich lohnt, diese genauer zu betrachten. Diese Schicht berührt das Thema „Erfolg" zentral, und jeder, der sich nur annähernd mit Erfolgsliteratur auseinandergesetzt hatte, wird diesem Thema begegnet sein.

Alle Erfolgstrainer betonen die Wichtigkeit der richtigen inneren Haltung der Welt gegenüber. Die Amerikaner sprechen in dem Zusammenhang von „Mindset". Auf Deutsch: Denkart, Denkweise oder Geisteshaltung. Es geht also um die Art und Weise wie wir über die Welt denken und folglich wie wir die Welt betrachten.

In Trading-Begriffen sieht die Weltsicht der meisten Trader so aus: da draußen gibt es Zehntausende andere Trader, die alle meine Gegner sind und nur eines im Sinn haben: an mein Geld heranzukommen.

Dieses Modell scheint banal, aber es ist die Grundannahme der meisten Trader die ich kenne. Für sie ist die Welt (die Welt ausserhalb Ihres Selbst) ein feindlicher Ort, den man nur durch geschicktes Taktieren besiegen kann, um sich ein Stück des Kuchens zu sichern.

In diesem Modell gibt es also ein Ich (der Trader), das in die Welt geht (an der Börse agiert) in der Hoffnung dort durch schlaues und geschicktes Verhalten einen Teil der Geldbewegungen auf das eigene Konto zu lenken. Konsequenterweise befindet sich der Trader, der so denkt, immer in einer Art Verteidigungsmodus. Seine Handlungen sind immer reaktiv. Wenn der Markt (die Außenwelt) dies macht, dann reagiert er so. Macht der Markt das, dann reagiert er so.

Er befindet sich gleichsam in einem ständigen Kampf mit einem fiktiven Gegner, den er noch nicht mal kennt. Er sieht nur seine Spuren als Linien oder Kerzen, die der Chart ihm vor seinen Augen auf dem Monitor zeichnet.

Dieses Modell entspricht einem Denken, das die Welt in eine Subjekt-Objekt-Realität verwandelt. Einerseits gibt es das „Ich", mit dem sich der Trader identifiziert, das in „die Welt" geht, um dort Eroberungszüge vorzunehmen, in der Hoffnung mit fetter Beute heimzukehren.

Dieses Modell entspricht den Prämissen der klassischen Wissenschaften, auf denen letztlich unsere modernen Gesellschaften aufgebaut sind. Es ist die Art und Weise, wie wir in der Schule erzogen worden sind und bestimmt daher massiv die Art und Weise, wie wir „die Welt" betrachten.

Nun bin ich der Letzte, der behaupten würde, dass dieses Modell falsch ist. Ganz im Gegenteil, es ist sehr real und bestimmt unser Leben in fast allen Bereichen. Das Problem ist nur, dass dieses Denkmodell nicht sehr hilfreich ist, wenn wir an der Börse agieren. Denn wenn Sie an der Börse mit diesem Denken agieren, werden Sie schnell (oft unbewusst) sich selbst als Opfer höherer Mächte sehen, sobald es mal nicht so gut läuft wie erhofft.

Dabei ist es zwingend notwendig, dass Sie als Trader niemals die Haltung eines „Opfers" einnehmen. Ganz im Gegenteil. Sie sollten als Trader immer die volle Kontrolle über Ihr Tun behalten. Sie sollten von Anfang an „the Master of the Game" sein und es bleiben.

Um diese Qualität zu erreichen brauchen, Sie eine andere Philosophie, ein anderes Denken, das den Gegebenheiten eines

Probabilitätsspiels entspricht. Denn Trading hat – man muss es mit aller Deutlichkeit sagen – nichts zu tun mit Währungskursen, zentralen Banken, Hedgefonds, Algorithmen und was ihr Gehirn sonst noch so erfinden mag, was es „da draußen" alles gibt.

Trading ist ein Spiel, das Sie ausschließlich mit sich selbst spielen. Ich wiederhole diesen Satz: **Trading ist ein Spiel, das Sie mit sich selbst spielen.** Trading ist nichts anders als eine Abfolge von Transaktionen, die Sie am Markt nach Ihren eigenen, selbst gewählten Regeln durchführen.

Mit anderen Worten: Wenn Sie Trading so sehen, haben Sie den großen Vorteil, dass Sie derjenige sind, der vor dem Spiel die Regeln selbst bestimmen dürfen. Sie dürfen die Instrumente auswählen, mit denen das Spiel durchgeführt werden soll. Und - last but not least - dürfen Sie bestimmen, wann das Spiel beginnt und wann es endet!

Haben Sie je solche Vorteile gesehen oder erlebt bei einem Gesellschaftsspiel mit

Freunden? Vermutlich eher nicht. Denn unter Freunden haben am Anfang des Spiels alle die gleichen Chancen. Wenn Sie in einer geselligen Runde mit Ihren Freunden konkurrieren müssen, so haben Sie an der Börse überhaupt keine Konkurrenten. Sie können selbst bestimmen wie oder was gespielt wird, wie oft und wann das Spiel zu Ende ist. Haben Sie je solche Vorteile erlebt?

Und dennoch schaffen es die meisten, die zur Börse gehen, dieses Spiel zu verlieren, trotz dieser gewaltigen Vorteile. Ist das nicht unglaublich?

Sie können dieses ihr eigenes Spiel nur dann gewinnen, wenn Sie auch daran glauben, dass Sie nur mit sich selbst und Ihren eigenen Regeln spielen. Nur dann wird sich der Erfolg einstellen, wenn Sie der festen Überzeugung sind, dass Sie ganz allein sind und es da draußen keinen gibt, der sie an Ihrem Erfolg hindert. Haben Sie diese Überzeugung?

Ich hatte diese Überzeugung als Kind. Im Keller unseres Hauses stand viele Jahre lang ein Tischfußballspiel. Immer, wenn es mir etwas langweilig war, bin ich als Kind in den Keller hinuntergestiegen und habe mit mir selber gespielt. Ich wählte mir einen fiktiven Gegner aus, gegen den ich spielen wollte. Ich brauchte einen fiktiven Gegner, sonst wäre das Spiel langweilig gewesen. Dann fing ich an zu spielen. Dabei ließ ich meinen Gegner hin und wieder ein Tor schiessen, damit es spannend blieb, aber am Ende gewann immer ich. Ich ging immer als Sieger vom Platz, weil ich, und nur ich, die Regeln bestimmte. Verstehen Sie?

Genauso verhält es sich, wenn Sie an die Börse gehen. Versuchen Sie es genauso zu tun wie das Kind, das ich einmal war. Sagen Sie sich: ich fange jetzt an zu spielen, aber erst bestimme ich die Regeln, nach denen gespielt werden soll. Schließlich sind Sie „the Master of the Game".

Die Regeln, die Sie sich ausgedacht haben, basieren natürlich auf gewisse Annahmen, die Sie vor dem Spiel gemacht haben. Denn

Sie brauchen nur einen kleinen „statistischen" Vorteil, um auf längerer Sicht das Spiel gewinnen zu können. Haben Sie diesen kleinen statistischen Vorteil in Ihren Regeln nicht vorab eingebaut, werden Sie ihr eigenes Spiel auch nicht gewinnen können. Dann haben Sie gleichsam sich selbst geschlagen.

Kasinobetreiber wissen dies zum Beispiel sehr gut. Der statistische Vorteil eines Kasinos ist 1 %. Dies scheint winzig, aber es reicht dem Kasino, um jährlich Millionen Gewinn einzustreichen. Jahr für Jahr. Kasinobetreiber wissen, dass sie in 49 % der Fälle verlieren gegen ihre Kunden. Diese sieht man dann mit einem strahlenden Gesicht und einer fetten Zigarre das Kasino verlassen.

Aber der Kasinobetreiber, der etwas erhoben auf den vielen Kameras das Treiben seiner Kunden zuschaut, und auch den Jackpotgewinner mit seiner Zigarre das Gebäude verlassen sieht, lächelt ebenfalls. Denn er weiß, dass für einen

Jackpotgewinner es Tausende Verlierer gibt, die täglich Geld in seine Kasse spülen. Dank des kleinen statistischen Vorteils ist und bleibt er der „Master oft he Game". Schließlich ist er es, der am Ende des Geschäftsjahrs die ganz fette Beute einstreicht und nicht der Zigarrenraucher.

Sie sollten sich als Trader diese Mentalität und das Denken eines Kasinobetreibers zu eigen machen. Sie sollten sich sagen: Mag es von Zeit zu Zeit einen geben, der mit einer fetten Zigarre den Laden verlässt, so werde ich am Ende des Tages Sieger sein, weil ich

A. Das Spiel verstehe, da ich es selber entworfen habe.
B. Das Spiel immer gewinne, weil ich einen kleinen statistischen Vorteil in die Regeln eingebaut habe.

Wer mit einem solchen Denken und einer solchen Mentalität zur Börse geht, wer kann diesen Mann (diese Frau) schlagen? Niemand! Denn diese Person hat keine Gegner außer sich selbst. Da aber diese Person seinen

Gegner sehr genau kennt (nämlich sich selbst) und deswegen sehr klare Regeln formuliert hat, nach denen er spielt und womit er gewissermaßen sich selbst überlistet, gewinnt diese Person immer und immer wieder. Er mag schwache Tage haben, aber am Ende beherrscht er das Spiel das er selber entworfen hat und trägt den Sieg davon.

Verstehen Sie jetzt, warum es so wichtig ist glasklare Entry- und Exit-Regeln zu formulieren, bevor Sie überhaupt anfangen? Diese müssen dann auch während des Spiels diszipliniert durchgeführt werden. Ohne diese Regeln werden Sie nie Erfolg haben, denn dann lassen Sie „andere" in IHR Spiel hinein, die Sie zum Fall bringen werden. Es ist von daher unerlässlich, dass Sie sich eine Philosophie zu Eigen machen, bei der nur Sie der Eigentümer des Spiels sind, der einzige Spieler selbst und schließlich derjenige der am Ende den Sieg davonträgt.

Es darf also keinen anderen geben, der sich einmischt, egal was sich da auf ihren Charts möglicherweise abspielt. Das ist alles viel unwichtiger als Sie denken. Das Entscheidende ist, dass Sie immer Ihr Spiel spielen und nie davon abrücken.

Um aber IHR Spiel spielen zu können, müssen Sie natürlich erst überhaupt ein Spiel entwickelt haben, das nach einem Spiel aussieht. Und ich behaupte hiermit, dass eben mehr als 90 % der Trader gar nicht über ein eigenes Spiel verfügen.

Zu sagen: ich trade dieses oder jenes Setup, setze mein Stop so, dass ich nur 1 % verliere, und nehme Gewinn mit, sobald ich das Gefühl habe, dass es genug ist. Das ist, wie sie hoffentlich einsehen werden, kein Spiel.

Denn ein echtes Börsenspiel, das Sie für sich selbst entwickeln, muss so beschrieben und formuliert sein, dass Sie es tatsächlich eines Tages Ihrem Freundeskreis vorführen können.

Ihre Freunde werden es nur dann mit Ihnen spielen können, wenn die Spielregeln glasklar formuliert sind, am besten auf einem Zettel deutlich aufgeschrieben, sodass jeder Teilnehmer es lesen und verstehen kann. Wenn es nur eine Unklarheit oder eine interpretierbare Regel gibt, werden sich Ihre Freunde möglicherweise weigern, mit Ihnen das Spiel zu spielen. Sie werden Ihnen sagen: Ach lasst uns wieder das Spiel von letzter Woche spielen. Hier sind die Regeln klar und jeder kennt sie. Es wird somit keinen Streit geben.

Sehen Sie? Und so sollte es sein. Solange Sie ein solches Spiel für sich selbst nicht klar definiert und formuliert haben, wissen Sie im Grunde genommen nicht, was Sie da machen. Sie führen dann lediglich an der Börse Transaktionen durch.

Das mag für gewissen Anfänger einen gewissen Reiz haben, vor allem dann, wenn sie es noch nie gemacht haben und wenn Ihr eigenes Geld auf dem Spiel steht. Aber früh oder spät werden Sie erkennen, dass lediglich „Transaktionen an der Börse durchführen" noch nicht zwingend zur Folge hat, dass Sie damit auch tatsächlich Geld verdienen.

Jede Form des Geldverdienens hat IMMER mit einer Art von statistischen Vorteil zu tun, egal welches Spiel Sie sich ausdenken. Und vor allem hat es mit klar vordefinierten Regeln zu tun. Ich möchte dies anhand eines bekannten Beispiels illustrieren, damit Sie sehr genau verstehen, was ich meine.

Jeder kennt die Caféhauskette **Starbucks**. Kein Wunder, denn Starbucks ist fast in der ganzen Welt vertreten und die Kette hat in größeren Städten oft mehrere Filialen. Nun ist Starbucks bei Gott nicht der Erfinder des Kaffeehauses. Längst bevor Starbucks in die Welt kam, hat es überall auf der Welt die schönsten und originellsten Kaffeehäuser gegeben. Sie brauchen nur nach Wien zu gehen, dann wissen Sie was ich meine.

Als nun Starbucks antrat, die Welt zu erobern, haben die Macher nicht gesagt: ja, wenn wir nach Wien gehen, dann müssen wir unsere Filiale vor Ort eben auf wienerische Art einrichten, denn sonst werden die Wiener unseren Kaffee nicht trinken. Und wenn wir nach Paris gehen, müssen wir eben ein

Kaffeehaus in Pariser Stil eröffnen. Das gleiche gilt dann eben für New York, Seattle oder Canberra.

Wenn Sie aber Starbucks kennen, dann wissen Sie, dass die Macher dieser Kette dies eben nicht gemacht haben. Ein Starbucks in Wien, Paris oder New York sieht eben genauso aus wie in Brüssel, Frankfurt oder London. Es werden die gleichen Sorten ausgeschenkt, die Bedienung begrüßt Sie auf der gleichen Art und Weise und das ganze Kaffeehaus funktioniert in allen 23.043 Niederlassungen (Stand 2015) auf der gleichen Art und Weise.

Als Kaffeegourmet mögen Sie das kritisieren und sagen das Café Landtmann oder das Café Sperl in Wien ist mir viel lieber (mir auch!) Sie können aber nicht behaupten, dass Starbucks mit ihrer Strategie nicht erfolgreich ist. Starbucks ist sogar so erfolgreich, dass es schließlich ein börsennotiertes Unternehmen mit einer Marktkapitalisierung von 79 Milliarde Euro geworden ist.

Das sind das Café Landtmann und das Café Sperl in Wien nicht. Diese Traditionscafés sind auf ihrer Art erfolgreich. Landtmann spielt eben das Landtmann-Spiel während Starbucks das Starbucks-Spiel spielt.

Und Starbucks spielt dieses Spiel eben immer gleich, egal, sogar in Mongolien. Es ist völlig egal, wie die Folklore oder die Umstände vor Ort sind, welche „Marktgegebenheiten" Sie vorfinden. Starbucks spielt immer das Spiel nach „Starbuckschen Art". Obwohl die lokale Konkurrenz mitunter riesig ist, wie in Wien, das bezüglich seiner Kaffeehäuser eigentlich unschlagbar ist. Das kümmert Starbucks nicht. Starbucks hat eben nicht eine wienerische Variante von Starbucks etabliert, nein es ist auch dort (ich habe es mir angesehen) die Seattle Form des Starbucks.

Mit anderen Worten Starbucks spielt immer sein eigenes Spiel, egal wie die Umstände sind. Und das sollten Sie als Trader auch. Jeden Erfolgreichen Trader, den ich kenne, verfährt nach diesem Prinzip. Wie unterschiedlich „die Methoden" der einzelnen Trader auch sein mögen, sie spielen ihr eigenes Spiel, weil Sie aus Erfahrung wissen, dass sie damit erfolgreich sind.

Wenn nun so viele unterschiedliche Trader mit so vielen unterschiedlichen Methoden erfolgreich sind, dann sollten Sie hoffentlich endlich begreifen, dass Börsenerfolg nichts aber auch gar nichts mit einer bestimmten Methode oder Strategie zu tun hat, was viele Anfänger glauben.

Es ist richtig, dass jeder erfolgreiche Trader nach einer gewissen Trial und Error-Phase eine eigene Methode entwickelt hat, die zu seiner Persönlichkeit passt. Er ist aber nicht wegen dieser Methode erfolgreich. Er ist deswegen erfolgreich, weil er seine Methode mit einer „Starbucksen Disziplin und Hartnäckigkeit" durchzieht. Und das Tag für Tag, Jahr für Jahr.

Weil er bei seinem Spiel bleibt und nie davon abweicht, ist er im Laufe der Zeit tatsächlich zu dem „Master of the Game" geworden. Er hat seinen Platz an der Börse, der ihm niemand streitig machen kann, denn nur er sitzt da auf dem Thron, sonst niemand.

Deswegen ist es in meinen Augen völlig unnötig die Methode eines Meisters zu kopieren in der Hoffnung, dass sich der Erfolg auch bei Ihnen einstellen wird. Es wird dies in der Regel nicht. Wenn Sie den Versuch machen werden Starbucks zu kopieren (wird immer mal versucht) nur, weil Starbucks erfolgreich ist, werden sie scheitern.

Wenn Sie das Starbucks-Prinzip verstehen, aber eigene Regeln entwerfen, die zu Ihnen passen, dann haben Sie sehr wohl eine Chance am Markt, wie es andere Kaffeeketten erfolgreich vorgeführt haben.

Darum funktioniert auch Trading. Natürlich können Sie von einem erfolgreichen Trader lernen. Sie werden aber nichts lernen, wenn sie lediglich seine Methode kopieren und für sich anwenden. Lernen werden Sie erst, wenn Sie zusehen, wie er Tag für Tag SEIN

Spiel spielt, egal, was die Zentralbanken nun wieder verzapfen, oder welche Katastrophen am Ölmarkt oder in den Aktienmärkten stattfinden mögen. Diese Ereignisse sind nur da, um Sie zu verwirren und Sie von Ihrem eigenen Spiel abzulenken.

Solange, Sie sich noch ablenken lassen, leben Sie noch in der Ich-Objektwelt, also in dem Modell, dass man uns in der Schule und an den Universitäten beigebracht hat, nämlich, dass wir, sobald wir in die Welt hinausgehen, zahllose Konkurrenten vorfinden, die wir bekämpfen müssen, damit auch wir ein Stück vom Kuchen abbekommen. Ich sage es Ihnen in aller Klarheit: diese Denke ist reiner Bullshit.

Es gibt da draußen nichts. Gar nichts. Es gibt nur Sie und IHR Spiel. Wenn Sie das nicht glauben wollen, dann versuchen Sie es gerne weiter auf dieser alten Art, ich wünsche Ihnen alles Glück dieser Welt. Ich sage Ihnen nur: nach meiner Erfahrung spielen alle Erfolgreichen auf diesem Planeten ihr eigenes

Spiel. Sie haben ihre eigenen Regeln, nach denen Sie leben und spielen und scheren sich einen Dreck um das was andere denken oder meinen, oder das, was ihnen der Markt gerade vordiktiert.

5. Verluste begrenzen

Sie werden dem Begriff „Gratistrade" in der Trading-Literatur immer wieder begegnen. Was ist damit gemeint? Es ist eine Position, die Sie eröffnet haben, und die aus dem Risiko ist. Das heißt, mit diesem Trade können Sie keine Verluste mehr machen, nur noch Gewinne. Diese Situation tritt auf, wenn Sie ihren schützenden Stop auf Einstand gezogen haben, also auf das Preisniveau, wo Sie gekauft haben (oder verkauft, wenn Sie Short sind).

Ab diesem Augenblick, gestatten Sie dem Trade nicht mehr in den Verlust zu gehen. Das Schlimmste, was Ihnen nun passieren kann, ist, dass der Markt zurückkommt und Sie ausgestoppt werden. Da aber Ihr Stop auf Einstand steht, werden Sie in diesem Fall weder gewinnen noch verlieren. Das Ergebnis ist 0.

Nun kennt jeder angehende Börsianer die goldene Tradingregel: **Verluste begrenzen, Gewinne laufen lassen.** Sie steht im jedem

Trading-Buch, und jeder nimmt den Satz als gegeben hin. Man kennt ihn, und das war es.

Kaum jemand schaut sich diesen Satz aber genauer an, geschweige, dass man alles daransetzt, um ihn in die Praxis umzusetzen. In den Portfolios mancher Anleger stehen Positionen manchmal monatelang oder gar länger im Risiko. Sie weisen keine Gewinne auf oder kaum. Aus diesem minimalen Gewinn oder minimalen Verlust kann jederzeit ein großer Verlust werden.

Das Argument der Befürworter dieser Methode lautet: man muss dem Markt Raum geben, um atmen zu können. (Technisch gesprochen, man sollte die natürliche Volatilität des Marktes berücksichtigen und seinen Stop-Loss danach anpassen).

Auch aus diesem Satz klingt wieder die bereits erwähnte Opfermentalität. Hier spielt eben nicht jemand sein eigenes Spiel, sondern überlässt es der „natürlichen Schwankung oder Volatilität" ob und wieviel er verlieren will. Diese Mentalität ist aber nicht im Sinne des von mir favorisierten Ansatzes, der besagt, dass ich als Trader die Spielregeln bestimme und ausschließlich nach meinen Regeln spiele.

Jeder erfahrene Trader weiß, dass je länger der Trade im Verlust steht, desto unwahrscheinlicher es wird, dass aus ihm ein Gewinn wird. Wenn dies so ist, verpflichtet mich diese Erkenntnis **eine Zeitkomponente in meinem Stop-Management einzubauen.** Wenn eine Position nach einer bestimmten vorab festgelegten Zeit nicht im Gewinn ist, muss das Risiko entweder reduziert oder die Position geschlossen werden.

Dies klingt rigoros, aber diese Maßnahme ist im Einklang mit dem ersten Teil der goldenen Börsenregel. Diese besagt, dass ich alles daran tun sollte, um die Verluste zu begrenzen. Wenn ich weiß, dass Positionen, die nach einer gewissen Zeit die Gewinnschwelle nicht überschritten haben, dies mit aller Wahrscheinlichkeit in Zukunft auch nicht tun werden, warum will ich diese Position dann behalten? Sie kostet mich nur Nerven.

Es gehört also zu den guten Tradinggewohnheiten, Verlustpositionen drastisch zu reduzieren oder gleich zu schliessen, wenn Sie nach einer bestimmten Zeit das Gefühl haben, dass Sie dabei sind, Geld zu verlieren.

Welche Zeitregel gilt hier?

Dies hängt von der Zeiteinheit ab, in der Sie traden. Handeln Sie als Swingtrader auf einem 4-Stunden-Chart, dann sollten Sie natürlich nicht nach 5 Minuten gleich unruhig werden, wenn Ihre Position immer noch nicht die Gewinnschwelle überschritten hat. Steht die Position nach 24 Stunden (also nach 6 Kerzen im Chart) immer noch im Verlust und kommt nicht voran, dann sollten Sie ernsthaft darüber nachdenken, wie Sie das Risiko reduzieren können.

Sind Sie Daytrader und arbeiten mit einem 5-Minuten-Chart und Ihre Position steht nach 30 Minuten (6 Kerzen) immer noch im Verlust, dann sollten Sie spätestens hier an Risikominimierung denken.

Eine gute Maßnahme ist **den Initial-Stop näher an den aktuellen Markt zu schieben**. Sie riskieren dadurch natürlich, dass der Stop geholt wird, aber der Verlust wird kleiner sein. Sollte sich der Markt dann irgendwann doch in die gewünschte Richtung bewegen, dann haben Sie trotzdem das Richtige getan. Tut der Markt dies nicht und holt Ihren Stop aus dem Markt, dann haben Sie auch hier das Richtige getan. Sie haben einen Verlierer, aber zumindest haben Sie alles getan, um diesen Verlust zu minimieren. Das nenne ich aktives Stop-Management.

Ein Trader, der sein eigenes Spiel spielt, betreibt eben aktives Stop-Management. Er wartet nicht, bis er das Opfer einer volatilen Gegenbewegung des Marktes ist. Er sagt: bis hier und nicht weiter.

Die zweite Möglichkeit der Risikominimierung ist **die Reduzierung der Position selbst**. Dies geht in den meisten Fällen. Wenn Sie Aktien handeln, verkaufen Sie die Hälfte oder ein Drittel Ihres Aktienpaketes. Handeln Sie mit Devisen, können Sie die Hälfte der Position schließen. Die Maßnahme funktioniert nicht, wenn Sie Futures traden und lediglich mit einem Lot (einem Kontrakt) handeln. Diesen können Sie nicht teilen.

Das ist der Grund, weswegen manche der Meinung sind (und ich teile diese Meinung), dass Trader, die lediglich mit einem Kontrakt traden suboptimal handeln. Sie schränken sich selbst in ihren Handlungsmöglichkeiten ein.

Wenn Sie Swingtrading im 4-Stunden-Chart betreiben, und zum Beispiel zwei Mini-DAX-Futures gekauft haben, können Sie einen davon verkaufen, sollte Ihre Position nach 24 Stunden nicht im Gewinn stehen.

Wenn eine Position nach einer gewissen Zeit die Gewinnschwelle nicht überschreitet, heißt dies lediglich, dass Ihre Annahme über die künftige Marktentwicklung falsch war. Nicht mehr, nicht weniger. Auch wenn Sie sich um eine gründliche Analyse des Marktes bemühen, sollten Sie wissen, dass Ihr Einstieg immer dem Zufallsprinzip unterliegt. Demnach unterliegt auch ihr Stop dem Zufall.

Warum sollte der „Markt" gerade dann, wenn Sie gekauft haben, anfangen zu steigen? Das ist doch eine ziemliche arrogante um nicht zu sagen größenwahnsinnige Meinung, nicht wahr? Als würde alle Welt darauf warten, dass Sie nun endlich kaufen, damit die Bewegung starten kann.

Die Wahrheit ist: an der Börse handeln Sie in einem Zufallsmarkt. Zu jederzeit kann alles passieren (und auch das Gegenteil davon). Machen Sie sich das klar, und Sie werden endlich verstehen, dass es schlicht und einfach ein kindlicher Wunsch ist, dass Ihre Analyse korrekt ist und sich der Markt daran halten muss.

Und deswegen sollten Sie als Trader glasklare Regeln aufstellen wie Sie das Risiko managen werden. Sie bestimmen, wann gekauft oder verkauft wird. Tun Sie es nicht, wird Ihnen das Marktgeschehen in die Irre treiben, und Sie werden irgendwann die Welt nicht mehr verstehen. Glauben Sie mir, ich spreche hier wirklich aus eigener Erfahrung.

6. Gewinne laufen lassen

Bislang haben wir also den ersten Teil der goldenen Börsenregel besprochen, Verluste begrenzen. Nun gibt es auch einen zweiten Teil und der lautet: Gewinne laufen lassen. Und auch hier bin ich der Meinung, dass die meisten Trader hier nicht genau hinhören. Ich wiederhole die Regel: Gewinne laufen lassen!

Mit anderen Worten, wenn wir bezüglich des ersten Teils der Regel alles daran tun sollten, um unsere Verluste zu minimieren, sollten wir beim zweiten Teil eben alles daran tun, dass unsere Gewinne laufen gelassen werden.

Wenn ich bezüglich der Verluste äußerst rigoros vorgehe und lieber schon heute, als morgen eine Verlustposition schliesse, so bin ich bezüglich meiner Gewinnpositionen äußert geduldig und großzügig. Sie lesen richtig: großzügig und geduldig.

Warum?

Die Gewinnschwelle ist für mich wie eine Art magische Grenze. Und ich bin mir sicher, jeder Trader kennt diese Grenze. Solange eine Position unter Wasser steht, fühle ich mich unwohl. Ich mag es nicht, weil ich weiß, dass ich Geld verliere und je länger ich warte, desto mehr verliere ich. Also bin ich rigoros im Umgang mit meinen Verlustpositionen.

Sobald die Position aber die Gewinnschwelle überschreitet, entspanne ich mich. Ich weiß: Diese Investition beginnt sich auszuzahlen. Ich bin aber noch nicht ganz ruhig, weil die Position immer noch im Risiko steht. Zwar stimmt aktuell die Richtung, aber ich weiß, dass der Markt jederzeit drehen kann, und meine Position wieder in den Verlust bringen kann.

Es gehört aber auch zu den guten Gewohnheiten, dass Sie, sobald eine Position in die Gewinnzone kommt, ebenfalls das Risiko reduzieren. Sie beginnen die Stop-Loss-Order in die Richtung des Einstands zu schieben. Anders gesagt: Der bereits aufgelaufene Gewinn ermöglicht es, das Risiko zu minimieren.

Als Beispiel können Wir eine Kaufposition im Dow Jones nehmen. Nehmen wir an, Sie sind

Swingtrader und haben den Dow Jones bei 17.000 Punkten gekauft. Ihr Initial-Stop steht bei 16.800 also 200 Punkte tiefer. Steigt nun der Dow auf 17.100, macht es für mich keinen Sinn, den Stop auf 16.800 zu belassen. Ich setze ihn auf 16.900 (ungeachtet etwaiger charttechnischer Überlegungen). Ich setze meinen Stop da, weil das meine Regel ist. Verstehen Sie?

Steigt der Dow nun weiter an auf 17.200, dann komme ich in die komfortable Lage meinen Stop auf Einstand, also auf 17.000 setzen zu können. Das ist die Beste aller Welten. Denn jetzt habe ich eine profitable Position, die nicht mehr in den Verlust gehen kann. Ich kann mich also zurücklehnen und mir die Entwicklung des Trades weiter anschauen. Oder in der Sprache der goldenen Börsenregel: Meine Gewinne laufen lassen.

Das ist es auch, was manche einen „Gratis Trade" nennen. Das bedeutet: Sie können nur noch gewinnen. Das Schlimmste, was Ihnen passieren kann, ist, dass der Markt zurückkommt und die Stop-Order auslöst. In dem Fall hätten Sie nichts gewonnen aber auch nichts verloren.

Nun habe ich vorhin gesagt, dass ich in Bezug auf Gewinnpositionen großzügig bin. Ich bin gleichsam geduldig mit dem Markt und gebe ihm dem Raum, sich zu entwickeln. Das heißt aber nicht, dass ich bezüglich Gewinntrades keine Regeln habe, ich bin nur nicht mehr so rigoros wie bei Verlusttrades. Viele Anleger tun aber leider das Gegenteil: Sie sind rigoros bei Gewinntrades (Sie nehmen Gewinne mit sobald welche entstanden sind) und Sie sind unendlich geduldig bei Verlustpositionen.

Ich versuche also das genaue Gegenteil zu tun, was auch im Sinne der goldenen Börsenregel und im Sinne meines Geldbeutels ist.

Bezüglich des Managements von Gewinntrades unterscheide ich zwischen Trades mit klar definierten Kurszielen und Trades, die auf größere Bewegungen setzen (Trendtrades). Diese Unterscheidung ist wichtig, denn sie setzt ein unterschiedliches Stop-Management voraus.

7. Stop-Management in Trendmärkten

Wenn Sie eine größere Bewegung erwarten oder die Fortsetzung einer größeren Bewegung, dann wollen Sie natürlich das Maximum aus dem Trade herausholen. Die klassische Art der Stop-Setzung in einem Trendmarkt besteht darin, den Stop jeweils unter das letzte Swing-Tief zu platzieren. Diese Maßnahme liegt der **Dow-Theorie** zu Grunde, die besagt, dass ein Trend durch höhere Hochs und höhere Tiefs charakterisiert ist.

Dieser Ansatz scheint zunächst auch logisch. Der Trader sichert hiermit die aufgelaufenen Gewinne mit einem nachgezogenen Stop ab. Leider ist diese Methode auch nicht fehlerfrei, wie das untenstehende Beispiel im S&P500 zeigt.

E-Mini, 4-Stunden-Chart, Heikin Ashi

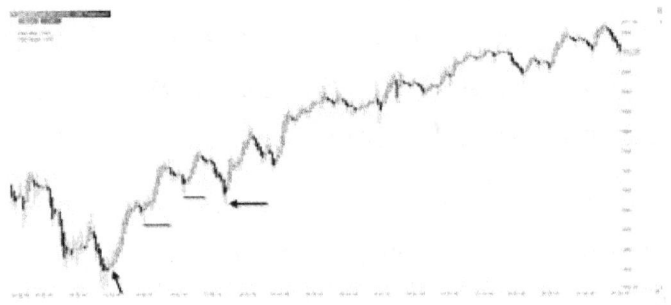

Nehmen wir an, der Trader hätte nach dem Doppeltief vom Anfang 2016 im S&P500 einen Long-Einstieg gewagt. Sein Initial-Stop würde somit bei der Eröffnung der Position etwas unter den Tiefs des Doppeltiefs liegen. Der Markt beginnt tatsächlich an, zu steigen und nach 13 weißen Kerzen gibt es eine erste Konsolidierung, die aber nur kurz dauert. Der Markt steigt nach wenigen Stunden weiter.

Der Trader nutzt das Tief dieser Konsolidierung, um seine Gewinne abzusichern und schiebt nun seinen Stop bis unter dieses Swing-Tief (erster horizontaler

Strich unten). Der Markt steigt 9 Kerzen höher und die nächste Konsolidierungsphase tritt ein. Der Trader wartet diese ab und nachdem der Markt erneut steigt, schiebt er seinen Stop erneut unter das letzte Tief der Konsolidierung (zweiter horizontaler Strich).

Der Markt steigt erneut, aber nach sieben weißen Kerzen geht er wieder in eine Konsolidierung über, die diesmal länger andauert und auch tiefer geht als die beiden vorherigen. Die Folge ist, dass der Stop des Traders aus dem Markt geholt wird (horizontaler Pfeil). Kaum ist dies geschehen, zieht der Markt wieder an und erreicht nach elf weißen Kerzen ein neues Hoch.

Schließlich steigt der Markt in den darauffolgenden Tagen und Wochen immer weiter, und der Trader muss mit ansehen, wie ihm riesige Gewinne entgehen, obwohl er die Richtung richtig eingeschätzt hatte und von Anfang an dabei war. Er hat sich nur durch eine kurze, vorübergehende Korrektur, die noch nicht mal ein Retracement war, aus dem Markt drängen lassen.

Dies ist eine Erfahrung, die viele Trader machen. Ihre Analyse ist richtig, sie tun das Richtige, indem sie eine Position aufbauen, aber sie scheitern am Risikomanagement. Mit der klassischen Empfehlung „schieben Sie den Stop auf das letzte jeweilige Swing-Tief" kommt man in den heutigen Märkten kaum weiter. Zu viele Fakes holen die Stops immer wieder aus dem Markt. Das Smart Money weiss natürlich nur zu gut, dass Trendfolger ihre Stops unter die Swing-Tiefs platzieren. Und es ist einfach zu verlockend, diese schnell zu holen.

Nach meiner Erfahrung liegt die Ursache für die ganze Problematik der Stop-Setzung in Trendmärkten in einem falschen Denkansatz, wie man solche Märkte traden sollte. Es ist nun mal bekannt, dass auch starke Trends immer wieder mal von scharfen Korrekturen unterbrochen werden können.

Wenn Sie mit dieser veralteten Methode der Stop-Setzung an die Sache herangehen, werden Sie immer wieder erleben, dass der

Markt Ihren Stop holt. Sie werden also an der denkbar ungünstigsten Stelle im Trend ausgestoppt, obwohl der Trend selbst noch gar nicht zu Ende ist.

Wenn Sie eine größere Bewegung erwarten und richtig positioniert sind, sollten Sie stattdessen dem Markt zunächst richtig Raum geben sich zu entwickeln. So rigoros ich bin, solange sich eine Position im Verlust befindet (ich verliere Geld!), so großzügig bin ich, sobald sich die Position im Gewinn befindet (ich verdiene Geld!).

Warum sollten Sie um Gottes willen, die volle Entfaltung Ihrer Gewinnpositionen in guten Trends beschneiden durch zu enge Stops? Kann mir jemand den Sinn dieser Maßnahme erklären? Wenn der zweite Teil der goldenen Börsenregel lautet „Gewinne laufen lassen", dann sollten Sie das auch tun. Sie können als Swingtrader fabelhafte Gewinne einstreichen mit einem sehr überschaubaren Risiko. Das ist doch gerade der Vorteil dieses Trading-Stils.

Das Argument der Gegner dieser Philosophie kenne ich sehr gut. Sie werden sagen: Wenn der Trader den Stop nicht unter das letzte Swing-Tief der Aufwärtsbewegung gesetzt hätte, hätte er möglicherweise riskiert, dass die Aufwärtsbewegung vom Markt zunichtegemacht wird. Er würde somit alle aufgelaufenen Gewinne wieder abgeben und riskierte somit sogar einen Verlust.

Dieses Argument ist nicht leicht von der Hand zu weisen. Dieses Szenario könnte in der Tat eintreten und es wird auch hin und wieder eintreten. Es ist aber bekannt, dass die meisten Anleger mehr Angst davor haben, aufgelaufene Gewinne wieder an den Markt abgeben zu müssen, als mit einer Position tatsächliche Verluste zu realisieren.

Und es ist genau diese Angst, die sie dazu verführt, entweder den Gewinn schnell zu realisieren, sobald ein wenig da ist, oder den Stop sehr engmaschig dem aktuellen Kurs folgen zu lassen. Als würden Sie Ihren Gewinnpositionen nicht zutrauen, dass sie sich weiter entwickeln könnten. Das ist kein rationales Verhalten.

Mein Argument lautet: Mag der Markt hin und wieder zurückkommen, und der Trader muss zusehen, wie die aufgelaufenen Gewinne wieder abgegeben werden. Das ist Teil des Spiels, das Sie mit sich selbst spielen. Sie verschenken aber oft **sehr hohe Gewinne** dadurch, dass Sie sich viel zu früh austoppen lassen wie dies im Beispiel des E-Mini der Fall war.

Anders gesagt: Die entgangenen Gewinne sind meist viel höher als die gelegentlich wieder abgegebenen Gewinne bei einem Rückfall des Marktes. Wenn der Trader schon auf Trends setzt, dann richtig. Um es mit einer Bonmot des unvergesslichen André Kostolany zu sagen: „Wenn schon Schweinefleisch, dann muss es triefen – und wenn schon Börse, dann muss es sich auch lohnen."

Ich wiederhole es nochmal. Ich bin kleinlich und rigoros, wenn es um Verluste geht, werde aber großzügig wie eine Großmutter mit ihren Enkeln, wenn es um Gewinne geht.

Die Gewinnschwelle ist also die magische Grenze, wo ich mich entweder entspanne (bei Gewinn) oder nervös werde (bei Verlust). Wenn ich einmal im Gewinn bin, wird meine Geduld fast unendlich (fast!), aber solange ich im Verlust bin, bin ich der ungeduldigste Mensch der Welt. Die meisten Anleger verhalten sich – sorry – genau gegenteilig.

Es gibt aber eine zweite Grenze nach der Gewinnschwelle und die ist fast noch wichtiger: **die Break-Even-Schwelle.** Sobald ich den Stop auf Einstand ziehen kann, entspanne ich mich total, denn verlieren kann ich nicht mehr. Diese Schwelle sollte Ihr primäres Ziel sein als Swingtrader. Danach kann der Spass beginnen.

Alles, was vor der Break-Even-Schwelle liegt fühlt sich nach Arbeit und strengen Risikomanagement an und das ist es auch. Was danach kommt ist der Zustand, weswegen wir die Börse lieben. Wir haben eine Position zur rechten Zeit im richtigen Markt und können zusehen, wie diese Position mit zunehmender Zeit Geld verdient. Ist das nicht genial?

Sollte denn bei solchen Gewinnpositionen in Trendmärkten gar keine Art von Gewinnabsicherung stattfinden? Selbstverständlich sollten Sie eine Form der Gewinnabsicherung betreiben und irgendwann müssen Sie auch Ihre Gewinne realisieren. Es ist sogar sehr wichtig, dass Sie lernen irgendwann „Dankeschön" zu sagen und sich anschließend aus dem Staub machen.

Ich wollte Ihnen aber zunächst die irrationale Angst nehmen, aufgelaufene Gewinne wieder abgeben zu müssen. Es wird gelegentlich passieren, und Sie können es nicht vermeiden. Viel schlimmer ist aber in meinen Augen, wenn Sie, wie im Bild 2 früh ausgestoppt werden, und dann zusehen müssen, dass alle anderen außer Ihnen auf der Party dabei sind.

Ich möchte Ihnen also in eine Art Grossmutter-Enkel-Stimmung versetzen und an ihre eigene Großzügigkeit appellieren. Geben Sie jeder Gewinn-Position die Luft, die sie zum Atmen braucht. Sorgen Sie dafür, dass Sie den Stop nach Kräften möglichst schnell auf Break-Even setzen, dann kann Ihnen nichts mehr passieren und gehen Sie dann in einen Beobachtungsmodus über.

Was meine ich damit? Jeder Trend hat seine eigene Dynamik und innere Logik. Schieben Sie den Stop etwas höher, wenn Sie schon gut im Gewinn sind. Daran ist nichts verkehrt, aber nicht unter das letzte Swing-Tief. Wählen Sie vielleicht das vorletzte Swing-Tief. Wenn dieses aus dem Markt geholt wird, dann ist wirklich etwas schief mit diesem Trend. Dann sollten Sie vorsichtig sein, oder vielleicht die Position schließen. Sie können sie ja jederzeit wieder zurückkaufen, wenn Sie der Überzeugung sind, dass der Trend nicht zu Ende ist. Auch da gibt es keine Verbote.

Eine Alternative wäre der Einsatz einer Art Trailing-Stop. Das könnte ein gewöhnlicher Trailing-Stop sein wie in dem Beispiel mit dem Dow Jones. In dem Fall hatte ich einen Trailing-Stop benutzt, der auf einen Abstand von 200 Punkten mitlief. Ich empfehle aber, diesen Trailing-Stop grosszügig zu wählen.

Bild 3: E-Mini, 4-Stunden-chart, Heikin Ashi

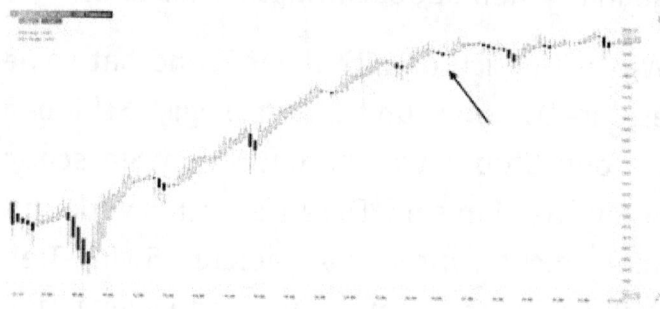

Bild 3, ebenfalls aus dem S&P500, ist ein Beispiel aus dem Jahr 2014. Wir sehen einen sehr starken Aufwärtstrend. Die Heikin Ashi Kerzen sind bei jeder Aufwärtsbewegung ausnahmslos weiß und die Konsolidierungsperioden (meist nach Börsenschluss) sind kurz und fast unbedeutend. Die ersten vier Kaufwellen sind absolut überzeugend. In einem solchen Fall können Sie sich also getrost zurücklehnen und den Ritt genießen.

Die fünfte Kaufwelle (Pfeil) ist aber nicht mehr so überzeugend. Nach vier weißen Kerzen tauchen gleich mehrere schwarze Kerzen auf und bei der sechsten Welle ist es wieder so. Dem Aufwärtstrend geht klar die Puste aus. Das ist die Phase, in der ich einen Trailing-Stop empfehlen würde. Es ist die Endphase des Trends, und es sollte Ihnen als Trader klar sein, dass jederzeit eine ordentliche Korrektur kommen kann.

In diesem Beispiel hatten die Trader, die eine Kaufposition hatten, sogar Glück, denn, nach dem der Markt seinen Top erreicht hatte, lief er auf einem sehr hohen Niveau unentschieden seitwärts. Mit zunehmender Dauer würde ich den Trailing-Stop immer enger setzen. Am Anfang hier noch 30 Punkte, aber dann bald würde ich auf 20 und sogar 10 gehen. Irgendwann wird Ihre Order natürlich ausgeführt werden und Sie sind aus dem Markt.

Sie verstehen hoffentlich die Intention. Es geht in der Endphase eines Trends immer darum, die Ernte sicher in die Scheune zu fahren. Sie haben es verdient. Sie werden für Ihre Geduld belohnt.

Sie bekommen diese Ernte natürlich nur dann, wenn sie in der Akkumulationsphase (Anfang des Trends) und in der Momentumphase (hier ist der Trend am stärksten, die Kerzen am Größten) Ihren Stop auf einen großzügigen Abstand vom aktuellen markt gesetzt haben. Es macht keinen Sinn zu versuchen, einen starken Trend engmaschig mit einem Stop zu folgen. Lassen sie ihn laufen!

Versuchen Sie auch nicht das Hoch zu erraten, es wird Ihnen in der Regel nicht gelingen. Besser ist es, klare Stop-Regeln zu besitzen, die Ihnen das Maximum aus jedem Trade herausholt. Dies wird sicher nicht immer gelingen aber hin und wieder wird ein Home-Run dabei sein, wie es die Amerikaner sagen. Und dieser tut Ihrem Konto nur gut.

8. Stop-management mit Kurszielen

Wenn ich mit einem klaren Kursziel arbeite, zum Beispiel, wenn ich eine Range trade (Seitwärtsmarkt), dann macht es in meinen Augen wenig Sinn mit einem Trailing-Stop zu arbeiten. Schauen Sie dazu das unten stehende Beispiel im EUR/USD an.

Bild 4: EUR/USD, 1-Stunden-Chart

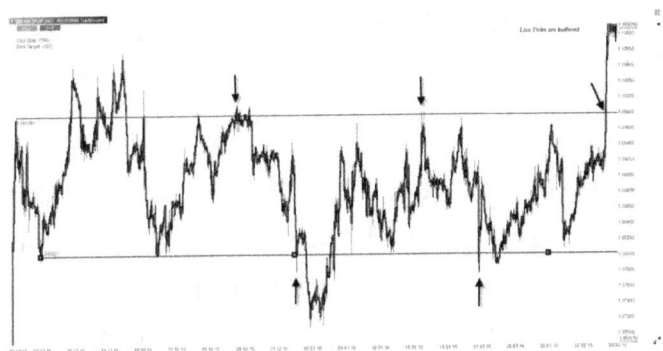

Eine Range wird dann ersichtlich, wenn die beiden begrenzenden Linien mindestens zwei signifikante Berührungen aufweisen. Erst dann kann der Trader die Range als solche identifizieren und traden. In diesem Fall waren also 5 Trades möglich. Drei Short-Trades (Pfeile oben) und zwei Long-Trades (Pfeile unten).

Es ist ja die Eigenart einer Seitwärtsphase, dass sich die Marktakteure mehr oder weniger über den aktuellen Preis des Marktes einig sind. Es gibt natürlich dennoch Schwankungen, die von geschickten Range-Tradern ausgenutzt werden können. In diesem Fall konnte ich eine Range im EUR/USD ausmachen, die in etwa 180 Pips breit war. Sie sehen, es gab auch mehrere Fakes und sogar einen regelrechten Fehlausbruch nach unten. Dennoch kehrte der Markt in die Range zurück.

Im Gegensatz zu Trendmärkten sind Range-Märkte unsichere Märkte. Sie sehen dies mit einem einfachen Blick auf dem Chart. Die Kurse scheinen, ohne klare Richtung, wie Pingpongbälle hin und her zu schießen. Hier mit einem Trailing- Stop zu arbeiten macht in meinen Augen keinen Sinn.

Das Kursziel beim Range-Trading ist die jeweilige gegenüberliegende Range-Begrenzung. Kaufen Sie die Unterstützung (untere Linie), dann ist Ihr Kursziel automatische die obere Begrenzung, also den

Widerstand (obere horizontale Linie). Sie können in diesem Beispiel also maximal 180 Punkte Gewinn machen.

Als Range-Trader gehen Sie davon aus, dass die Unterstützung halten wird, wenn Sie Long gehen. Deswegen sollte der Stop nicht zu großzügig gesetzt werden. Ich empfehle hier die Hälfte der Range, also 90 Pips. Wie Sie sehen, hätte diese Massnahme bei den ersten beiden Short-Trades gut geklappt. Beim ersten Long-Trade allerdings nicht. Hier wäre der Stop dem Markt zum Opfer gefallen.

Der zweite Long-trade (Pfeil unten rechts) erreichte allerdings sehr wohl das Kursziel. Aber schauen Sie sich die Kurskapriolen an, die der EUR/USD vollzog, bis das Kursziel erreicht wurde. Das ist ganz typisch für einen Range-Markt. Aus dem Grund sollten Sie hier nicht mit einem Trailing-Stop arbeiten.

Zunächst schoss der Euro sogar bis zur Hälfte der Range hoch (Die Long-Position stand also bereits 90 Pips im Gewinn) um dann den ganzen Weg zurückzukehren und den Einstandspreis sogar zu unterschreiten. Das ist besonders ärgerlich, aber es geschieht. Wenn Sie also hier den Stop vorschnell auf Break-Even gesetzt hätten, hätten Sie das Nachsehen gehabt.

Ich empfehle aber durchaus, den Initial-Stop etwas zu verkürzen, auf 45 Pips, wenn Sie bereits 90 Pips im Gewinn stehen. Aber die Maßnahmen, die richtig sind für Trendmärkte, gelten eben nicht für Range-Märkte. Das Traden von Range-Märkten ist noch mehr als alles andere ein Probabilitätsspiel. Manche Trades erreichen das Kursziel, andere werden ausgestoppt.

In diesem Beispiel hätten wir also folgendes Ergebnis:

3 Gewinn Trades: 3 x 180= 540 Pips

2 Verlust-Trades: 2 x 90 = 180 Pips

Total   360 Pips

9. Der Frankenschock, ein Heilungsmoment der Trader-Szene

Wer am späten Samstagnachmittag und gegen Abend vom südbadischen Konstanz über die Grenze in die Schweiz einreisen möchte, erlebt oft sein blaues Wunder. Eine kilometerlange Schlange bildet sich vor der Schweizer Grenze. Wer sich die Autokennzeichen anschaut, stellt fest, dass es nicht die Deutschen sind, die in die Schweiz wollen, sondern die Schweizer! Hat hier etwa eine Invasion stattgefunden?

Es sieht an Freitagnachmittagen und Samstagen tatsächlich so aus, aber die eidgenössischen Invasoren bescheren den Süddeutschen Einzelhandel ein zweites Weihnachtsgeschäft, denn seit der spektakulären Aufwertung des Schweizer Franken am 15. Januar 2015 hat der Einkaufstourismus massiv zugenommen.

Nicht genug, dass die Schweizer mit ihrem starken Franken die Supermarktregale der deutschen Grenzstädte leerkaufen. Sie warten auch noch darauf, dass die Formulare für die Mehrwertsteuererstattung ausgedruckt werden. Am Zoll bekommen sie dann die Mehrwertsteuer erstattet. So gewinnen sie gleich zwei Mal.

Das Ereignis, dass in der Börsen-Geschichte als **Frankenschock** eingegangen ist, fand am 15. Januar 2015 statt. Noch wenige Tage vor dem 15. Januar hatte die Schweizerische Nationalbank angekündigt, dass sie alles daransetzen würde, um die von ihnen selbst auferlegte Untergrenze von 1,20 für das Währungspaar EUR/CHF zu verteidigen.

Wenige Tage später tat sie dann, womit niemand gerechnet hatte. Sie ließ die Untergrenze fallen. Der Euro stürzte innerhalb von einer halben Stunde 15% in die Tiefe. Alle Schweizer besaßen mit einem Schlag im Ausland 15 % mehr Kaufkraft.

Was für die Schweizer Einkaufstouristen und für den Süddeutschen Einzelhandel gut ist, ist in meinen Augen auch gut für die Trader-Community. Der Frankenschock war eigentlich das Beste, was den Tradern passieren konnte. Auch wenn es manchem übel erwischt hat, teils mit juristischem Nachspiel. Auch wenn einige Broker das Ereignis nicht überlebt haben, so bin ich froh, dass es geschehen ist.

Man kann den Frankenschock als ein Kapitel im „Krieg der Währungen" betrachten und das ist er auch, wir wissen jetzt spätestens seit dem 15. Januar, dass man keinem auch noch so wichtigen Akteur an den Finanzmärkten Glauben schenken darf, schon gar keinem Notenbanker.

Es gab viele Trader, die im Januar 2015 eine Long-Position im EUR/CHF hielten, denn der Kurs lag in den Tagen vor den 15. Januar nur knapp über 1,20. Da die Schweizerische Nationalbank die Untergrenze „garantierte" schien eine Long-Position nur logisch und galt als Free-Trade.

Als dann das Undenkbare geschah, hatten einige vielleicht doch eine Stop-Loss-Order bei 1,19 oder 1,18 platziert. Diese half ihnen gar nichts, denn der Slippage (schlechtere Ausführungskurse) war an dem Tag so gewaltig, dass der EUR/CHF innerhalb kürzester Zeit von 1,20 bis auf 0,85 sank. Der tatsächliche Ausführungskurs des Stops lag dann in manchen Fällen bei 0,85, was zu gigantischen Verlusten führte. Trader, die auf die SNB vertraut hatten verloren zum Teil sechsstellige Beträge.

Anders gesagt: In diesem Extremfall, den man auch einen **„Black Swan"** nennt, nutzt auch die Stop-Loss-Order nichts. Zwar treten der gleiche Schwarze Schwäne äußerst selten auf. Es ist aber nicht auszuschließen, dass jeder Trader im Laufe seiner Tradingkarriere zumindest einmal das Opfer eines solchen Ereignisses wird.

Ein vergleichbarer Vorfall, wenn auch weniger drastisch tat sich am 11. September 2001 vor. Nach den Anschlägen auf das World Trade Center blieben die Börsen in Amerika tagelang geschlossen. Kein Trader hatte die Möglichkeit seine Positionen glattzustellen. Natürlich standen die Kurse, als die Börsen wieder geöffnet wurden, deutlich tiefer.

Heilsam war der Frankenschock in meinen Augen auch, um mal ernsthaft über das Thema **Positionsgröße** nachzudenken. Wenn Privat-Trader mal die Gelegenheit bekommen eine professionelle Vermögensverwaltung am Werke zu sehen, wundern sie sich oft „wie klein" die Positionen sind, die gehalten oder getradet werden. Klein im Vergleich zum vorhandenen Kapital natürlich.

Mit Ausnahme von einigen Hedgefonds (von der Sorte George Soros) ist es eine Regel bei institutionellen Anlegern, dass keine einzige Position allein dem Fonds in Schwierigkeiten bringen darf. Nehmen wir an, ein Fonds hätte eine Position in Aktie XYZ, und dieses Unternehmen geht über Nacht Pleite. Die Aktie fällt auf 0, also ein Totalverlust. Sie werden oft erleben, dass dieser Verlust in der Gesamtbilanz eines Fonds vielleicht ein Verlust von 1 oder 2 % repräsentiert. Ich würde sagen, ein bedauerlicher Einzelfall, der aber den Fonds nicht in die Insolvenz treibt.

Private Trader dagegen halten nicht selten Positionen, die den Wert ihres Tradingkapitals bei Weitem übertreffen. Wer also US$ 10.000 zum Traden zur Verfügung hat und 1 Mini-Lot auf den EUR/USD kauft (Wert US$ 10.000) hat im Grunde bereits sein ganzes Kapital investiert. Natürlich kann der Trader aufgrund der hohen Hebelwirkung an den Devisenmärkten viel größere Positionen kaufen. Die Frage ist aber, ob er das auch tun sollte.

Gerade der Frankenschock hat uns doch vorgeführt, wie gefährlich es sein kann, Positionen zu halten, die ein Mehrfaches des Eigenkapitals darstellen. Wenn es schiefgeht, wie im Falle des Frankenschocks, tritt die Bundeskanzlerin nicht an das Mikrofon und sichert den Forex-Tradern die volle Unterstützung des deutschen Steuerzahlers zu, sorry.

Sie sollten sich als Trader ernsthaft die Frage stellen, ob Sie überhaupt mit einem Hebel traden sollten, auch wenn manche Broker Ihnen einen Hebel von 1:100 möglich macht (manche Broker 1:400!!). Es scheint verlockend ein kleines Kapital von einigen wenigen Tausend Euros innerhalb kürzester Zeit auf mehrere Millionen hochzutraden. Die viel größere Wahrscheinlichkeit ist, dass Sie dieses Mini-Kapital innerhalb weniger Monaten vernichten werden, wenn Sie einen Hebel einsetzen.

Meine Empfehlung mit kleinen Positionsgrößen zu traden beruht auf der Beobachtung, dass die meisten Trader überschätzen, was sie innerhalb kurzer Zeit (Woche oder ein Monat) erreichen können. Sie unterschätzen aber was Sie innerhalb von einer längeren Periode erreichen können, wenn Sie Ihre Strategie diszipliniert durchhandeln (5 Jahre - 10 Jahre).

Es macht scheinbar Spaß, wenn Sie Ihren Handelstag beenden können und 1000 Euro mehr auf dem Konto haben (wenn Sie über ein Tradingkapital von 10.000 Euro verfügen zum Beispiel). Aber können Sie das jeden Tag?

Es macht aus meiner Sicht viel mehr Sinn Ihr Tradinggeschäft tatsächlich wie ein Unternehmen aufzubauen. Ganz klein zu beginnen und erst nach und nach mit größeren Positionen zu traden, vorausgesetzt Sie sind in der Lage Ihr vorhandenes Kapital zu mehren.

Versuchen Sie von daher nicht gleich Ihren Lebensunterhalt mit Traden zu verdienen. Dieses Ziel setzt Sie unter einen enormen Druck. Die Gefahr besteht dann, dass Sie stark gehebelt traden und unverhältnismäßig hohe Risiken eingehen. In aller Regel geht das bei den meisten nicht gut aus.

Es ist viel schlauer sehr klein anzufangen (zum Beispiel im Forex mit Microlots zu traden, nicht mit Minilots!) und ohne Hebelwirkung nach und nach mit zunehmender Erfahrung die Positionen zu vergrößern. Dadurch stehen Sie am Anfang weniger unter Druck und Sie gehen gelassener mit dem Thema Trading um.

Die eigentliche Hebelwirkung liegt dann in der Zeit. Die meisten Trader unterschätzen, was Sie in einer Periode von 5 oder 10 Jahren erreichen können. In 5 Jahren können Sie vielleicht Dinge, zu denen Sie heute noch nicht in der Lage sind. Geben Sie sich die Zeit da hineinzuwachsen.

Das entspannte Traden mit kleinsten Positionen hat auch noch einen anderen positiven Effekt. Sie können es sich leisten mit etwas großzügigeren Stop-Orders zu arbeiten. Gerade als Swingtrader sollten Sie Ihre Stops nicht zu eng setzen. Geben Sie dem Markt etwas Zeit, um sich zu entwickeln. Tut er es aber nach einer festgesetzten Zeit nicht, dann sollten Sie wie bereits besprochen, ernsthaft daran denken, das Risiko zu minimieren.

10. Wie viele Positionen kann ich gleichzeitig halten?

Gewiss, als Swingtrader haben Sie den Luxus, dass Sie Ihre Trades nicht ständig beobachten müssen, wie es zum Beispiel Daytrader oder Scalper machen müssen. Sie sind in der komfortablen Lage, dass Sie ganz entspannt Ihre Orders in den Markt setzen und dann weggehen können. Da Ihre Position sowohl von einer Stop-Loss als von einem Take Profit Order versehen ist, entscheidet letztlich der Markt, welche von beiden Ordern zuerst erreicht wird.

Dies versetzt Sie natürlich in die Lage, mehrere Positionen gleichzeitig zu halten. Ich möchte aber davor warnen. Ich selbst halte in der Regel nicht mehr als zwei Positionen gleichzeitig.

Warum?

Heutige Märkte sind hochgradig korreliert. Wenn etwas mit dem Dollar passiert hat dies in der Regel Folgen für den Aktienmarkt und für die Rohstoffe. Gibt es starke Bewegungen am Öl-Markt, bleibt auch dies nicht ohne Folgen für die Aktien und für eine ganze Reihe von Rohstoffwährungen, also auch für den Dollar.

Anders gesagt: wenn Sie zum Beispiel eine Position im EUR/USD, im Öl und auch noch im Dow Jones halten, könnte es Ihnen passieren, dass durch ein Ereignis in einem von diesen Märkten alle anderen betroffen sind. Stehen Sie auf der falschen Seite, kann es sein, dass Sie einen Verlust in allen drei Positionen einstecken müssen.

Dazu kommt noch eine psychologische Komponente. Wenn Trader zu viele Positionen gleichzeitig halten, entwickeln sie eine gewisse Indifferenz gegenüber bestimmten Positionen. Möglicherweise managen Sie diese Positionen nicht mit der gleichen Sorgfalt, mit der Sie sonst eine einzelne Position verwalten würden. Halten Sie es von daher lieber einfach und traden Sie lieber die Märkte, in denen Sie eine wirkliche Chance erkennen. Weniger ist oft mehr.

Glossar

Black Swan: Deutsch: Schwarzer Schwan: sehr seltenes ereignis mit großer wirkung

Break Even: English für Gewinnschwelle.

Daytrading: Daytrading beschreibt den kurzfristigen spekulativen Handel mit Wertpapieren. Hierbei werden Positionen innerhalb des gleichen Handelstages eröffnet und wieder geschlossen, mit dem Ziel bereits von geringen Kursschwankungen zu profitierenDow-Theorie:

Drawdown: Der Drawdown stellt den maximalen kumulierten Verlust innerhalb einer betrachteten Periode dar und wird in aller Regel als Prozentwert dargestellt.

Dow-Theorie: Die Dow-Theorie gilt als Grundlage aller technischen Analysen der Finanzmärkte.

E-Mini: Future-Kontrakt auf den amerikanischen Index SP500

Exit-Strategie: Eine Strategie, die den Austritt aus einem Markt bestimmt

Forex: Forex Exchange Market, internationaler Devisenmarkt

Garantierte Stop-Loss-Orders: Bei dieser Order garantiert der Broker die Glattstellung der Position exakt zum gewünschten Kurs.

Heikin Ashi Chart: Japanisch für „auf einem Fuß balancieren". Japanische Darstellungsform von Kursveränderungen.

Initial Stop: Das Initial-Stop-Loss bezeichnet den ursprünglich bei Orderaufgabe zur Risikobegrenzung gesetzten Verkaufskurs bzw. Kaufkurs.

Korrelation: Eine Korrelation beschreibt eine Beziehung zwischen zwei oder mehreren Finanzmärkten.

Long gehen: Long zu sein heißt, Wertpapierbestände gekauft und damit im Besitz zu haben.

Lot: Ein Lot ist die Handelseinheit beim Devisenhandel (Forex) und in Futures-Märkten. Bei Forex steht ein Lot bei normalen Kontrakten für 100.000 Einheiten der vorderen Währung (Basis), also beim Währungspaar EURUSD steht 1 Lot für 100.000 Euro.

Microlot: Ein Microlot entspricht einem Contract über 1.000 Einheiten der Basiswährung in einem Forex-Paar

Minilot: Ein Minilot entspricht einem Contract über 10.000 Einheiten der Basiswährung in einem Forex-Paar

Momentum: Das Momentum informiert den Anleger über das Tempo und die Stärke einer Kursbewegung.

Pip: Englisch: percentage in point, kleinste Änderung im Preis im Devisenhandel.

Range: Seitwärtsphase eines Marktes

Retracement: Eine vorübergehende Umkehr, die gegen den vorherrschenden Trend geht.

Scalping: Trading-Technik, bei der der Trader versucht minimale Bewegungen im Markt zu handeln

Short gehen: Ein Trader ist Short, wenn er eine Position verkauft, ohne sie zu besitzen (Leerverkauf).

Slippage: Die Differenz zwischen den veranschlagten und den tatsächlichen Preis beim Wertpapierkauf.

Stop-Loss-Order: Eine Stop-Loss-Order (auch Order zur Verlustbegrenzung) ist eine Order, die die Position automatisch schließt, sobald ein bestimmter Kurs erreicht wird.

Stop-Loss-Order: Verkaufsauftrag, der ausgeführt wird, sobald ein bestimmter Kurs erreicht wird.

Trailing Stop: Automatisch nachgezogener Stop-Loss-Order.

Trefferquote: Die Trefferquote beschreibt das Verhältnis von Gewinn-Trades zu Verlust-Trades.

Trend following: Trading-Strategie, die auf das Folgen eines einmal identifizierten Trends setzt.

Unterstützung: Preisniveau, an dem vermehrt Käufer auftauchen.

Volatilität: Standardabweichung. Gibt an, wie stark ein Kurs schwankt.

Widerstand: Preisniveau, an dem vermehrt Verkäufer auftauchen.

Weitere Bücher von Heikin Ashi Trader

Wie starte ich mit 500 Euro ein Trading-Business?

Viele Trader haben am Anfang nur wenig Geld für's Traden zur Verfügung. Dies muss aber kein Hindernis sein, trotzdem eine Trader-Karriere ins Auge zu fassen.

Allerdings geht es in diesem Buch nicht darum, wie man aus 500 Euro 500.000 Euro erwirtschaftet. Es sind gerade die überzogenen Rendite-Erwartungen, welche die meisten Anfänger zum Scheitern bringen.

Stattdessen zeigt der Autor realistische Wege auf, wie man trotz eines kleinen Startkapitals zu einem hauptberuflichen Trader werden kann. Und dies gilt sowohl für Trader, die privat bleiben wollen, als auch für diejenigen, die irgendwann Kundengelder traden wollen.

Dieses Buch zeigt Schritt für Schritt, wie Sie das schaffen können. Ergänzend gibt es noch einen konkreten Aktionsplan für jeden einzelnen Schritt. Jeder kann im Prinzip Trader werden, wenn er bereit ist zu lernen, wie dieses Geschäft wirklich funktioniert.

Inhaltsangabe

Über den Autor

Heikin Ashi Trader ist das Pseudonym eines Traders, der mehr als 15 Jahren Erfahrung in Daytrading mit Futures und Devisen hat. Er ist spezialisiert in Scalping und schnelles Daytrading. Er hat mehrere Bücher über Trading veröffentlicht, die sich gegenseitig erklären.

Impressum

Texte: © Copyright by Heikin Ashi Trader

Swiss Post Box 106287

Zürcher Strasse 161

CH-8010 Zürich

Schweiz

pdevaere@yahoo.de